VENEDIG

W0366667

BILDFÜHRER MIT **94** FARBAUFNAHMEN

© Copyright 1979-1991 by Edizioni Storti Venezia.
All Rights reserved. Printed in Italy.

Die «Pferde» der Fassade der Basilika S. Marco.

Markusplatz. Luftaufnahme.

Der Ursprung Venedigs. Im Laufe des langen, historischen Prozesses, der mit dem beginnenden Verfall des Römischen Reiches seinen Anfang nahm, wurde die X Regio, am schwersten mitgenommen. Das Leben in der Region wurde immer schwieriger, die Bevölkerung raffte zunehmend das transportierbare Gut zusammen, verließ ihr Besitztum und flüchtete sich auf die Inseln der Lagune. Die Stadt Venedig entstand also im Jahre 810 auf Inseln von Rialto, als sich eine Gruppe von Menschen unter der Führung Angelo Partecipazios dazu entschloß, den damaligen Hauptort Malamocco zu verlassen und sich auf jenen Inseln in der Mitte der Lagune anzusiedeln. Damals wurde Venedig gegründet, als Stadt und als Idee. Die neuen Generationen, die der Lagune Raum für ihr weiteres Wirken gefunden hatten, wußten fortan ihre Existenz mit dieser Umwelt und deren Vorteilen zu verbinden, die sich zweifellos abzeichneten.

Oben: *Die Piazzetta S. Marco mit der Bibliothek.* Unten: *Ansicht des Platzes und der Piazzetta vom Uhrturm.* Links: *Das Becken von San Marco.*

BLOWING
GLASS
FACTORY
MURANO
GLASS
SNACK BAR
Coca-Cola
BAR

Links: *Markusplatz.* Oben: *Campanile mit der Bibliothek von J. Sansovino.* Auf den Seiten 6-7: *Der Uhrturm mit den beiden Mohren, die die Stunden schlagen.*

Markusplatz. Die gegenwärtige Form des Markusplatzes, des politischen, religiösen und sozialen Zentrums der Stadt, bildete sich im Laufe von zehn Jahrhunderten heraus. Trotz der zahlreichen, unvermeidlichen Umbauten der ihn umgebenden Gebäude behielt der Platz im Gesamtbild stets einen einheitlichen Charakter, wenn er auch aus zwei ausgedehnten, aber, zusammenhängenden Räumen besteht, der Piazza und der Piazzetta, an die sich das Lagunenbecken anschließt, das wiederum vom Weichbild der Insel von San Giorgio und der Giudecca beherrscht wird.
Auf diese Flächen blicken die verschiedenen Gebäude, von denen ein jedes die wichtigsten politischen und sozialen Strukturen der Stadt repräsentiert und beherbergt. Die erste Form des Platzes geht auf den Beginn des Dogentums zurück, also auf den Anfang des IX. Jh. Die Ausgewogenheit der einzelnen Bauteile, die Feinsinnigkeit, von der die Architektur durchdrungen ist, vermittlen uns jene Heiterkeit und jenen Prunk, mit dem sich die Republik Venedig, die «Serenissima», umgeben hatte.

Oben: *Der Markusplatz und seine Tauben.* Rechts: *Markuskirche: Hauptfassade: das Portal von Sant'Alipio.* Auf den vorigen Seiten: *Hochwasser auf dem Markusplatz.*

DIE MARKUSKIRCHE

Im Jahre 832 wurde die erste dem Evangelisten Markus geweihte Kirche eingeweiht, dessen sterbliche Überreste der Legende nach von zwei venezianischen Seefahrern aus einem Kloster in Alexandrien in Ägypten entwendet und nach Venedig gebracht worden waren. Das Symbol des Evangelisten, der geflügelte Löwe, wurde zum Wappen der Stadt und der heilige Markus ihr Schutzpatron. Die Kirche, die sogenannte Partecipazio-Kirche, weil sie von Angelo Partecipazio befohlen worden war, vom

UT VENETOS SEMPER SERVET AB HOSTE SUOS

Markuskirche, Hauptfassade gegen Westen: oberer Teil.

ersten eines Geschlechtes, das der Stadt zwischen 811 und 939 nicht weniger als sieben Dogen stellte, wurde 976 zerstört, als das Volk bei einem Aufstand gegen Dogen Pietro IV. Candiano den Dogenpalast in Brand steckte. Der Nachfolger, Pietro Orseolo, begann mit dem Wiederaufbau und der Restaurierung der zerstörten Baulichkeiten. Im Jahre 1063, unter der Herrschaft des Dogen Pietro Contarini, nahm man den Wiederaufbau der Basilika in Angriff. Beim Tode des Dogen, im Jahre 1071, war der Wiederaufbau in seinen wesentlichen Teilen vollendet, und 1094 wurde die neue Kirche eingeweiht. Es ist dies bereits die heutige Markuskirche, noch ohne ihren Schmuck, der erst ein Ergebnis jahrhundertelanger emsiger Arbeit mit Marmor und Mosaik ist. Endgülting abgeschlossen wurden die Arbeiten erst im XV. Jh. mit den kostbaren Laubwerkzinnen.

Die vier Lünetten auf dem oberen Teil der Fassade enthalten Mosaiken aus dem XVII. Jh. von A. Gaetano nach Entwürfen von Maffio Verona. Dargestellt sind Szenen aus dem Leben Jesu. Ein eindrucksvolles Schauspiel bieten diese Mosaiken beim Sonnenuntergang (die Fassade ist gegen Westen gewandt), wenn die Lichtbrechung die Farben und Leuchtreflexe lebendig werden läßt. Man kann dieses Phänomen vom Platz aus besonders am Spätnachmittag im Frühling und Sommer beobachten. Gegen Ende des XIV. Jh.s begann man mit den Arbeiten am gotischen Zinnenwerk, zuerst unter der Aufsicht der Delle Masegne, dann mit der Mitarbeit zahlreicher Bildhauer, darunter einiger aus der Toskana. Diese sollen sogar maßgeblich an der Dekoration mit Statuen und Nischen mitgewirkt haben. Vor allem nennt man Nicolò Lamberti, seinen Sohn Pietro und weitere Meister aus seiner Schule. Um diese Zeit, im frühen XV. Jh., begann in Florenz die Epoche des Humanismus.

Oben: *Markuskirche: Narthex (atrium)*. Links: *Markuskirche: Hauptportal.*

Oben: *Markuskirche: die Ikonostase der Dalle Masegne.* Unten: *Ikonostase: vier Apostel.*
Links: *Markuskirche: Inneres.*

Außenseite. Die Ergänzungsarbeiten endeten erst im XV. Jh. mit der prunkvollen Krönung mit Laubwerk, Spitzen und Aufbauten auf den oberen Fassadenbögen. Bereits in den früheren Jahrhunderten hatte man die dopplelete Reihe von Säulen und Kapitellen zwischen den fünf großen Portalen errichtet, die Reliefs in den Bogenfeldern des Hauptportals geschaffen.

Inneres. Der Grundriß folgt einem griechischen Kreuz. Das Atrium oder der Narthex zieht sich um die drei Seiten des Fußkreuzes. Der vordere Teil und der linke Flügel sind skandiert von spitzen Bögen abwechselnd mit kleinen blinden Kuppeln, während sich der linke Flügel ge schlossen darstellt. Er beherbergt die Zenkapelle und die Taufkapelle.

Staunen erweckt vor allem der Eindruck tiefempfundener, antiker Religiosität dieses Raumes, in dem sich die massiven Strukturen und die Kostbarkeit der Mosaiken zu einer seltenen Ausgewogenheit vereinen.
Der Fußboden besteht aus Marmormosaiken, die Säulen aus seltenem Marmor, die Wände sind mit verschiedenfarbigen Marmorplatten belegt, der obere Teil und die Kuppeln sind mit Glas- und Goldmosaiken ausgelegt. Man hat das Gefühl, über einen reichgemusterten Orientteppich zu gehen. Das Halbdunkel, das hier herrscht, läßt den Reichtum und das Gefunkel der goldenen Mosaiken im oberen Teil der Kirche erst richtig zur Geltung kommen. Die kunstvolle Lichtbrechung scheint die Umrisse der Bögen und Kuppeln aufzulösen, den Raum auszudehnen. Es ist ein religiöser Bau, einst war die Kirche die Privatkapelle der Dogen. Ihr Ursprung wurzelt tief in der Geschichte der Stadt, zwischen Morgen- und Abendland, jahrhundertelag unangefochtene und gefürchtete Königin der Adria, und sie ist ihr sinnfälligstes Symbol. Ihr Stil ist byzantinisch — der Grundriß, die Bögen, die Kuppeln, die Dekoration, der Prunk —, ihre Baustruktur jedoch ist romanisch. Zwei Welten treffen sich, um ein nie gesehenes Meisterwerk zu schaffen.
Das Presbyterium ist vom Schiff durch die Ikonostase gotischer Gestaltung getrennt, die auf dem Architrav die Statuen der Jungfrau, des Evangelisten Johannes und der Zwölf Apostel trägt, ein Werk der Delle Masegne (1394). Auf dem Hochaltar die Pala D'Oro, von rechteckiger Form ein Werk von unschätzbarem Wert.

Links: *Markuskirche: Taufkapelle: «Der Tanz Salomes».* Unten: *Markuskirche: Haptaltar mit der «Pala d'Oro».*

ΜΡ
ΘΥ

Links: *Markuskirche: Die Nicopeia.* Oben: *Markuskirche: Taufkapelle, Inneres.*

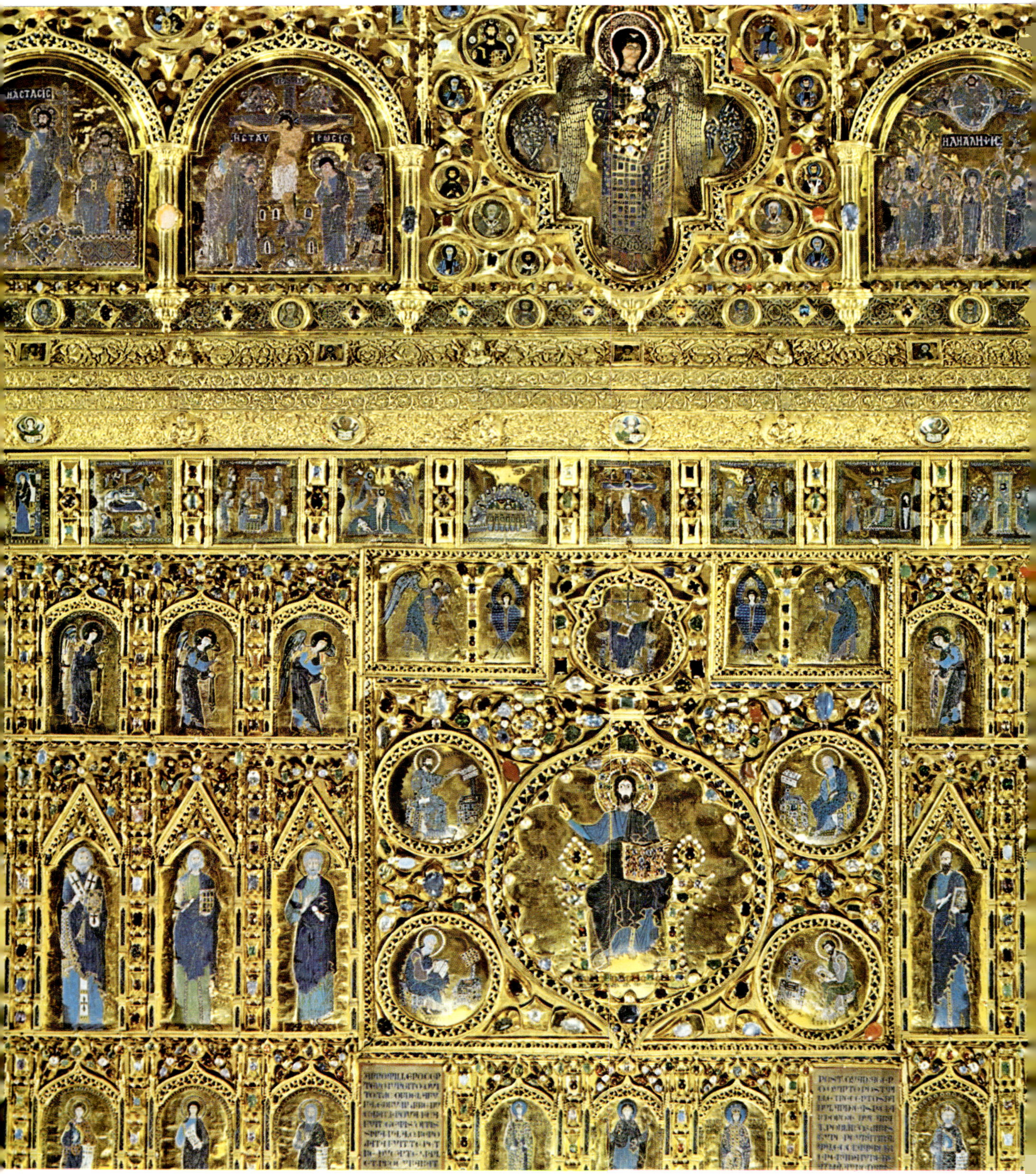

Oben: *Markuskirche: Hauptaltar: die «Pala d'Oro»*. Rechts, oben und unten: *Details der Pala d'Oro*.

Die Pala d'Oro ist das letzte Kunstwerk, das den Untergang der Republik unbeschädigt überstanden hat und uns heute einen Eindruck vom Reichtum vermitteln kann, der den Staatschatz auszeichnete. Es ist ein seltenes, einzigartiges Werk gotischer Goldschmiedekunst.
Die Pala d'Oro besteht aus über 80 Emails, die in harmonischer Komposition in einen Goldblock im Ausmaße 3,48 mal 1,40 m zusammengefaßt sind, dazwischen sind zahlreiche kostbare Steine verteilt. Der größte Teil der Emails sind byzantinischer Herkunft und stellen die christlichen «Feste», Bilder von Propheten, Aposteln, Heiligen und Engeln dar. Bemerkenswert die Darstellung der Jungfrau zwischen der Kaiserin Irene und dem byzantinischen Kaiser Giovanni Comneno (1118 - 45). Die Pala d'Oro, die den Altar von S. Marco krönt, hat seit jeher den Stolz der Republick Venedig dargestellt.
Die Komposition, die Erlesenheit und das Alter der Emailarbeiten und der Steine erregen zu recht das Staunen der Besuchermengen, die das Werk besichtigen.

Links: *Markuskirche: Südfassade, Eckturm: die Tetrarchen.* Oben: *der Dogenpalast.*

Als Angelo Partecipazio 810 die Regierung von Malomocco auf die Inseln von Rivus Altus verlegte, wollte man sofort eine bestimmte Zone ausfindig machen, in welcher die Organe dieses neuen Staates ihren Sitz haben sollten. Die erste Wahl fiel auf ein Gelände vor einem ausgedehnten Wasserbecken, in dem die wichtigsten Wasserwege der Verbindung aus dem Inneren und vom Meer her zusammenströmten, und sie erwies sich als grundsätzlich richtig, da sie später nie mehr in Frage gestellt wurde. Der Dogenpalast entstand also mit Venedig im zweiten Jahrzehnt des IX. Jh.
So werwickelt die verschiedenen Zusammenhänge auch sein mögen, so können wir den verschiedenen Teilen des Palastes doch eine besondere Funktion zuweisen. Der Teil gegen den Kanal beherbergte die Wohnung des Dogen. Die nachfolgenden Säle dienten verschiedenen venezianischen Behörden als Amtssitz, so dem Kollegium und dem Senat. Daran schloß sich der Justizpalast an mit den Gerichtssälen und den Gefängnissen, in der Ecke gegen die die Brücke della Paglia hin befand sich die Rüstkammer.

Oben: *Markuskirche: die Acritanischen Pfeiler und Südfassade der Basilika.* Rechts: *Dogenpalast: Haupteingang, Porta della Carta.*

Porta della Carta. Der Haupteingang in den Palast liegt bei der Porta della Carta, ein spätgotisches Werk (Bauzeit 1438 bis 1443) von Giovanni und Bartolomeo Bon. Sie war ursprünglich in den Farben rot, blau und gold gehalten. In knieender Stellung vor dem geflügelten Löwen die Figur des Dogen Francesco Foscari. Wir haben eine Kopie der Originalstatue vor uns, die beim Sturz der Republik zerstört wurde. Das einzige erhalten gebliebene Fragment ist der wunderschöne Kopf des Foscari, der zusammen mit den Originalkapitellen im Museum dell'Opera aufbewahrt wird. Die Porta della Carta führt direkt in den 'Androne Foscari', gegenüber die im Renaissancestil gehaltene Treppe der Giganti, von Antonio Rizzo ab 1483 geplant und erbaut. Auf dem oberen Treppenabsatz der Stiege erfolgte die offizielle Investitur des Dogen, bevor er dem Volke vorgestellt wurde. Die zwei Statuen auf der Brüstung, Mars und Neptun, sind ein Spätwerk des Jacopo Sansovino. Zur Rechten öffnet sich der große Hof. Die zwei sichtbaren Ziegelfassaden, die dem Saal des Großen Rates und dem Abstimmungssaal entsprechen, gehen auf das XIV. und XV. Jahrhundert zurück. Die dritte Fassade ist im Renaissancestil gehalten, sie wurde nach dem großen Brand im Jahre 1483 erbaut.

Dogenpalast. Ein herrlicher Anblick der Scala d'Oro, vom zweiten Treppenabsatz nach unten. Die Scala d'Oro diente als offizieller Aufgang zu den verschiedenen Repräsentationsräumen. Sie ist mit Stukkaturen und Fresken dekoriert.

Saal des Antikollegiums: Gemälde von Tintoretto: (von links nach rechts, oben und unten) «Pallas Athene und Mars», «Die Auffindung der Ariadne», «Merkur und die Grazien», «Die Schmiede des Vulkanus».

Dogenpalast: Saal des Kollegiums: die Decke mit den Bildern von Paolo Veronese.

Saal des Kollegiums. Dieser behörde stand die Aufgabe zu, die dem Senat unterbreitenden Fragen vorher zu diskutieren. Sie hatte ausserdem dem schwierigen Auftrag, mit der Römischen Kirche zu verhandeln, ausserdem war ihr ein Teil der Rechtssprechung übertragen. So hatte sie zum Beispiel Streitfragen bei kirchlichen Gütern zu schlichten, bei privilegien untergebener Städte, bei Zöllen, usw. Von 1526 an erfuhren die Befugnisse dieses Gremiums eine bedeutsame Erweiterung, da es mit anscheinend formalen Funktionen wie der Erledigung von öffentlichen Ansuchen oder Staatsdekreten davon Abstand nehmen konnte, dem Senat gewisse Akten mitzuteilen, die seiner Ansicht nach geheimzuhalten waren.
Ein weiterer Auftrag, bestand darin, die ausländischen Delegationen, die nach Venedig kamen, zu empfangen und anzuhören.

Der Schmuck. Der Kollegiumssaal ist einer der einheitlichsten Säle im dekorativen Gesamtbild und stammt wie der folgende Senatssaal von Andrea Palladio und Giovan Antonio Rusconi, ausgeführt unter der Leitung von Antonio da Ponte nach dem Brand von 1574.

Die zwischen 1577 und 1578 von Francesco Bello und Andrea Faentin geschaffene Decke umrahmt zahlreiche Felder, die mit Bildern von Veronese geschmückt sind.

In den Mittelfeldern «Mars und Neptun», «Der Glaube», «Die Gerechtigkeit und Friede huldigen Venedig», in den Seitenfeldern symbolische Figuren wie «Die Treue», «Der Wohlstand», «Die Sanftheit», «Die Einfachheit», am berühmtesten von allem «Die Dialektik». An den Wänden oberhalb der Sitze «Sebastiano Venier nach der Schlacht von Lepanto» von Paolo Veronese aus dem Jahre 1578.

Der Saal des Großen Rates ist der größte Saal des ganzen Dogenpalastes, 54 m lang, 25 m breit und 12 m hoch. Hier tagte der Große Rat, die höchste Behörde des Staates, deren Mitgliedzahl von 300 auf 1600 anstieg. Die ursprüngliche Dekoration des Saales mit kostbaren Wandfreskenc Gentile da Fabriano, Pisanello, Vivarini, Bellini, Carpaccio, Tizian, Pordenone, Veronese und Tintoretto) wurde beim Brand in der Nacht des Jahres 1577 völlig zerstört. Man baute den ganzen Komplex unter der Leitung von Antonio da Ponte um. Auch der Innenschmuck wurde rasch wieder hergestellt, zwischen 1578 und 1595. Von den Künstlern, die am zerstörten Saal mitgewirkt hatten, nahmen nur Veronese und Tintoretto an der Ausschmückung des neuen teil.Die neuen Bilder, die nicht mehr Fresken, sondern Gemälde sind, nehmen zm Großteil die Themen der früheren Bilder wieder auf. In den Bildern der Decke die Verherrlichung der Republik und Szenen aus den Eroberungskriegen, «Der Triumph Venedigs unter den Göttern des Olymp» von Veronese, «Der Doge Da Ponte erhält von Venedig einen Ölzweig» von Tintoretto, «Venedig, von Viktoria gekrönt, empfängt die unterworfenen Provinzen» von J. Palma d. J.

Die Seufzerbrücke.

Die Seufzerbrücke verbindet den Dogenpalast mit dem nuen Gefängnis jenseits des Kanals. Diese Brücke, im XVII. Jh. von Antonio Contin erbaut, ist überaus bekannt. Verbreitet wurde ihr Name vor allem von den Schriftstellern der Romantik und der nachfolgenden Zeit. Sie verknüpften in ihren Büchern ihre Liebesgeschichten mit großen Leiden und tragischem Ausgang und rührten ganze Generationen damit zu Tränen.
Das Neue Gefängnis jenseits des Kanals wurde in drei Perioden zwischen 1566 und dem Beginn des XVII. Jh. erbaut. Der Flügel des Gebäudes mit der Fassade auf die Riva degli Schiavoni wurde nach Entwürfen von Antonio Da Ponte ausgeführt. Nach der Rückkehr in den Dogenpalast über den zweiten Fußsteig der Seufzerbrücke gelangt man in die Avogaria, einer Reihe von Sälen, die einst Sitz zahlreicher Behörden kommt man zu den Pozzi, die einzigen Gefängisse, die im Inneren des Palastes geblieben sind. Sie waren wegen ihrer Lage im Erdgeschoß besonders feucht und ungesund.
In einer dieser Zellen hat sich noch die alte Holzerkleidung erhalten und die Holzbank, die dem Gefangenen als Liegestatt diente.

Oben: *Blick von der Ufermole auf San Giorgio, mit der Klosteranlage von San Giorgio, der heutigen Stiftung Giorgio Cini. Die Stiftung hat die Gebäude restauriert und entfaltet eine reiche kulturelle Tätigkeit.* Unten: *Ansicht des Beckens mit der Kirche der Salute.*

Die Punta della Dogana, gegenüber, mit den Kuppeln und Türmen der Salute. Die Punta teilt den Canale della Giudecca vom Canal Grande, rechts, mit seinen Palästen, unter denen vor allem der Palast der Corner hervorsticht.

Die Kirche der Salute und das Seminar.

S. Maria della Salute. Die Kirche wurde von Longhena zwischen 1631 und 1681 erbaut. Das Innere hat einen achteckigen Grundriß mit einem Deambulatorium, von dem aus sich sechs Kapellen öffnen, und gegenüber dem Eingang das Presbyterium. Die gebündelten Pfeiler tragen die Trommel, über der sich die große Kuppel erhebt, während eine zweite kleinere Kuppel, von zwei kleinen Türmen umrahmt, das Presbyterium bedeckt.
Die Kirche steht auf eunem erhöhten Sockel, der die Anlage einer weitläufigen Treppe erlaubt und so die feierliche Funktion des Baues unterstreicht. Ober dem Altar das Bild der Jungfrau, ein Werk der Griechisch-byzantinischen Schule, das Francesco Morosini 1672 von der Insel Candia nach Venedig brachte. In der großen Sakristei das Bild «Der Hl. Markus unter den Heiligen», das Tizian 1512 schuf.

Oben: *Die Paläste Barbaro mit der Brücke der Accademia.* Unten: *Eine Sicht der «Regata», die jährlich, an ersten Sonntag im September, stattfindet.*

Oben, links: *Palazzo Dario. Ein schönes Gebäude lombardischen Stils, mit köstlichen Verzierungen aus wertvollen Marmorarten. Es wurde im 15. Jh. für G. Dario, wahrscheinlich von P. Lombardo, erbaut.* Rechts: *Palazzo Contarini dal Zaffo. Im 15. Jh., wahrschenlich von Coducci erbaut.*
Unten, links: *Palazzo Contarini-Fasan. Ist ein ansehnlicher Bau der Spätgotik — man beachte die Balkone — der bereits lombardische Stileinflüsse aufweist.* Rechts: *Palazzo Gritti, heute Hotel, gotischer Spitzbogenbau des 14. Jh.s.*

Oben, links: *Palazzo Contarini dagli Scrigni. Der zweite wurde im 17. Jh. von F. Smeraldi umgestaltet, der erste wurde 1610 von V. Scamozzi projektiert.* Rechts: *Palazzo Loredan, genannt dell'Ambasciatore da er im 18. Jh. als Sitz der römishcen Botschafter bei der Republik diente.*
Unten, links: *Palazzo Corner della Ca' Grande, ist ein großartiger Bau von Jacopo Sansovino.* Rechts: *Die Paläste Barbaro sind im 15. Jh. restauriert worden.*

Links: *Der Rio San Vio.* Rechts: *Der Rio delle Torreselle.*

Das Viertel, das sich **von der Salute bis zur Accademia** hinzieht, und auf der anderen Seite bis zu den Zattere, gehört zu den malerischesten Ecken der Stadt. Wer hier einen kurzen Bummel unternimmt, wird bestimmt nicht enttäuscht werden. Unter den hübschesten Kanälen der Gegend verdient der Canale della Fornace, ganz in der Nâhe der Salute, Beachtung, oder der *Canale delle Torreselle* dessen Name ins IX. oder X. Jh. zurückreicht, als die Stadt sich vor Angriffen von Piraten durch Kanalsperren zu schützen versuchte. Der *Canale di San Vio* zeigt den Zugang zum Campo San Vio und den Eingang auf der Wasserseite des Palazzo Cini.

Blick auf den Canal Grande vom Campo dell'Accademia aus. Links stechen die beiden Paläste Rezzonico und Foscari hervor, im Hintergrund Palazzo Balbi. (Unten) *Der «Squero», die Gondelwerft, von San Trovaso. Eine der wenigen noch bestehenden Bootswerften in Venedig.*

Die **Frari-Kirche** (Santa Maria Gloriosa dei Frari). Sie ist eines der berühmtesten Denkmäler der Stadt mit dem seltenen Spitzbogenstil ihrer Architektur und ihren Kunstschätze. Ihr Bau stammt aus dem 13. bis 15. Jh. und wurde mit der Einverleibung eines vorherigen Gebäudes vollendet, welches quer zur heutigen Kirche stand und in welchem die Minoritenpater ihre Gottesdienste abhielten.
Die spätgotische Fassade ist durch Pfeiler in drei Teile geteilt und hat ein schönes Portal. Der Glockenturm ist aus dem 14. Jh., auch wenn die mit byzantinischen Tragsteinen versehenen Bögen des Glockenstuhls ihn einer früheren Epoche angehörig erscheinen lassen.

Links: *Ca' Foscari: Eingang*. Unten: *Rio San Tomà*.

Oben: *Campo und Scuola San Tomà.* Unten: *Die Kirche der Frari.*

Wenn sich der Bau auch über lange Zeit hinzog, bewahrte die Kirche doch einen einheitlichen Charakter und stellt zusammen mit der Kirche SS. Giovanni e Paolo eines der vollendetsten und reifsten Werke der venezianischen Gotik dar. Der 1250 begonnene ursprüngliche Bau war gerade beendet, als sich der Franziskanerorden aufgrund seines erhöhten Reichtums entschloß, einen neunen und größeren Bau aufzuführen. Die Arbeiten begannen 1340 mit der Apsis. Die Einweihung erfolgte 1469. Der Grundriß zeigt ein ägyptisches Kreuz mit drei Schiffen und sieben Apsiskapellen hinter dem Querschiff. Der Glockenturm, ein Werk von Jacopo Celega und seiner Söhne Pietro und Paolo, wurde 1369 fertiggestellt. Die planimetrische Zeichnung des linken Kirchenteiles ist später um zwei hinzugefügte Kapellen bereichert worden, um die Kapelle Corner (1417) und die Kapelle Emiliani (1432).

Unten: *Frarikirche: «Mariä Himmelfahrt» von Tizian und «Der Täufer» von Donatello.* Auf der Nebenseite: *«Jungfrau mit dem Kind und musizierende Engel zwischen Heiligen» von Giovanni Bellini.*

Im Raum zwischen den letzten vier Säulen gegen das Querschiff hin ist dem liturgischen Brauch jener Zeit der große und reichgeschmückte Chor der Mönche mit wertvollen Holzgestûhl in drei Reihen untergebracht, ein Werk des Schnitzers Marco Cozzi (1468), innerhald marmorner Mauern mit Reliefs aus der Renaissancezeit. Es ist der einzige derartige Chor, der vor den vielen, die einst die gotischen Kirchen schmückten, erhalten geblieben ist.

Die Hauptkapelle zeigt das Meisterwerk Tizians, die «Mariä Himmelfahrt» (1518). In der dritten Kapelle, der Florentiner, die vedeutende belmalte Holzstatue des «Johannes des Täufers», ein wunderbares Werk Donatellos. In der Sakristei, die wertvolle «Jungfrau mit dem Kind» von Giovanni Bellini, 1488 datiert.

Rechts und auf der Nebenseite: *Die Rialtobrücke*. Unten: *Der Markt von Rialto und die Zone um Rialto*. Auf der Nebenseite, unten: *Canal Grande: die Pescheria*.

Die Brücke wurde «Quartarolobrücke», nach der Münze, die man als Brückengeld zahlen mußte, genannt. Im 16. Jh. beschloß man, eine steinerne Brücke zu bauen, und im Wettbewerb ging der Entwurf des Baumeisters A. Da Ponte als Sieger hervor. Zusammen mit dem Markusplatz gehört sie zu den Symbolen der Schönheit Venedigs.

Rialto und Rialtobrücke. Die Brücke, 1588 vollendet, verbindet die beiden Ufer des Canal Grande an seiner engsten Stelle. Früher gab es hier eine Zugbrücke und einen Traghetto. Das weist auf die frühe

Bedeutung dieses Ortes hin. Rialto ist der Name eines Viertels: hier entstand die erste Siedlung in der Lagune, und sie wurde das Handelszentrum der mächtigsten Stadt des Mittelmeeres.

Oben: *Palazzo Corner della Regina und Palazzo Pesaro.*
Unten: *Palazzo Vendramin-Calergi.*

Palazzo Corner della Regina (18. Jh.), trägt den Namen der Königin von Zypern, Caterina Cornaro.

Palazzo Pesaro ist ein Meisterwerk Longhenas (17. Jh.). Das Genäude, eines der bedeutendsten Beispiele für die venezianische Barockarchitektur, beherbergt heute das Museum der Modernen Kunst. Ausgestellt sind Werke von Künstlern aus dem In- und Ausland des XIX. und XX. Jh., mit besonderer Berücksichtigung der Kunst Venetiens.

Palazzo Vendramin-Calergi, wurde im 16. Jh. von M. Coducci begonnen und von dem Lonbardo beendet.

Ca' d'Oro (Franchetti Galerie). Sie ist entschieden, mit den Dogenpalast, die typischste venezianische Konstruktion, und nimmt wahrscheinlich, seiner gehaltenen Proportion wegen, den ersten Platz unter den gotischen Gebäuden der Stadt ein. Sein Stil jedoch, ist mit so bedeutenden Varianten verwendet worden, daß er ein zusammenfassendes Resultat orientalischen Geschmacks erreicht. Er ist ein typischer Palast des venezianischen Adels des 15. Jh. s, wurde von Matteo Raverti und den Gebrüdern Bon für M. Contarini auf einem ehemaligen venezianisch-byzantinischen Bau errichtet und gegen Mitte des Jahrhunderts vollendet.

Oben: *Ca' da Mosto*. Unten: *Ca' d'Oro*.

Oben: *Theater «La Fenice»: Inneres.* Links: *Palazzo Gritti.*

Das Theater La Fenice wurde erst 1792 eröffnet, wenige Jahre vor dem Sturz der Republik, die den Bau G. Antonio Selva anvertraut hatte.
Es wurde durch einen Brand im Jahre 1836 fast völlig zerstört, von den Brüdern Meduna aber sofort wieder aufgebaut, die nach Mo-¨glichkeit den ursprünglichen Stil des späten XVIII. Jh. beibehalten wollten, mit seinen üppigen Dekorationen in Holz und Stuck und Gold. Der ovale Saal kann 1500 Besucher aufnehmen.

Die typische Wendeltreppe des Palazzo Minelli in San Luca. Der Palazzo Contarini del Bovolo in der Calle della Vida ist ein gotischer Bau. Seinen Namen verdankt er seiner wunderschönen und ungewöhnlichen Wendeltreppe (Bovolo), enstanden zwischen Ende des XV. und Beginn des XVI. Jh. Sie besteht aus Arkaden mit einer Brüstung aus kleinen Säulen, die anmutig der steigenden Treppe folgt. Er steht etwas abseits auf dem kleinen Platz, man steht auf einmal ganz unvermittelt davor.

Rechts: *Palazzo Minelli: die Wendeltreppe.* Unten: *Palazzo Ariani.*

Die herrliche Festerfront von Palazzo Ariani. Ein Bau aus der zweiten Hälfte des XIV. Jh. Das Bogenfeld ober der Fensterfront im zweiten Geschoß ist in seiner Zeichnung geradezu ein Modell der architektonischen Linie, die später bei vielen venezianischen Palästen verwendet wurde.

Der Reiterstatue des B. Colleoni. Die Reiterstatue wurde im Jahre 1488 geschaffen nach Entwürfen von Andrea Verrocchio, Alessandro Leopardi überwachte den Guß und erstellte das Fundament.

Scuola San Marco. Neben der Kirche die Große Scuola von San Marco, eingerichtet 1260 unter dem Namen Battuti. Nachdem der ursprüngliche Bau 1485 zerstört worden war, begann man 1487 mit dem heute noch stehenden Bau nach Entwürfen von Pietro Lombardo in Zusammenarbeit mit seinem Sohn Tullio und mit Antonio Buora. Drei Jahre später, im Jahre 1490, die Arbeiten übernahm Mauro Codussi.

Die Kirche SS. Giovanni e Paolo. Die Kirche und das Kloster dei SS. Giovanni e Paolo enstanden auf einem Gebiet, das die Republik dem Dominikanerorden geschenkt hatte, der mit dem Bau im XIII. Jh. begann. Die Arbeiten zogen sich durch zwei Jahrhunderte hin, sie begannen bei den beiden Apsiden, die zusammen mit dem Querschiff gegen 1368 vollendet wurden.

Campo Ss. Giovanni e Paolo: das Reitenstandbild des Colleoni, von Verrocchio.

Oben: *Rio dei Mendicanti.* Unten: *Kirche und Campo Ss. Giovanni e Paolo mit dem Reiterstandbild des Colleoni.*

Oben: *Rio Braso und Kirche der Madonna dell'Orto.* Rechts: *Die Brücke delle Tette.* Rechts, unten: *Campo San Polo.*

Die Madonna dell'Orto. Die Kirche wurde gegen Mitte des XVI. Jh. von Frá Tiberio da Parma erbaut und zuerst dem hl. Christophorus geweiht. Sie erhielt den Namen Madonna dell'Orto, nachdem ein altes Madonnenbild, das in einem nahen Garten (orto) gefunden wurde, in der Kirche aufgestellt wurde. Zu Beginn des XV. Jh. wurde die Kirche umgebaut.
Typische Elemente des Fassade sind eine Reihe von Nischen, eine Erinnerung an den romanischen Stil mit den Statuen der zwölf Apostel und die beiden Seitenfenster in spätgotischem Stil. Das Innere ist dreischiffig ohne Querschiff mit Apsiskapellen. Unter den Bildern: «Johannes der Täufer und Heilige» auf dem Hintergrund einer großartigen Landschaft von Cima da Conegliano. «Darstellung Mariä in Tempel» von Jacopo Tintoretto (Außenflügel der alten Orgel). Tintoretto gehörte zur Pfarrei der Madonna dell'Orto. Er malte andere wichtige Gemälde für diese Kirche und wollte hier begraben werden.

Der suggestive Rio di Ponte delle Tette. Der Name der Brücke und der Fondamenta delle Tette (der Brüste) erinnert an die Prostituierten, die hier am Fenster oder an der Tür zu stehen pflegten, meist mit entblößter Brust, um die Kundschaft wirksamer anzulocken. Die Überlieferung will diesen Brauch sogar einem Gesetz zuschreiben, das die Regierung erließ, um «mit solchgearteter Aufforderung die Männer von der widernatürlichen Sünde abzubringen» (Tassini).

Oben: *Die Insel Burano.* Unten: *San Michele in Isola: die Kirche und die Kapelle Emiliani.* Rechts: *Murano: Apsis der Kirche S. Maria e Donato.*

Unter den **Inseln der Lagune,** von denen einige im Laufe der Jahrhunderte versunken sind, während sich andere herausbildeten, ist **Murano** wohl die berühmteste. Ihren Ruf verdankt sie in erster Linie ihrer Herstellung eines Glases, das eben nach dieser Insel genannt wird: Muranoglas. Die Geschichte gibt uns keine sicheren Hinweise, wann und wie die Glasproduktion auf Murano ihren Anfang nahm. Zuerst sprach man von einer Glaskunst in Venedig: und tatsächlich gibt es Staatserlasse, in denen die Handwerker sich verpflichten, ihre Glasöfen wegen der Feuergefahr von Venedig nach Murano zu verlegen. So geschehen im XII.-XIII. Jh. Murano war aber schon vorher eine Zufluchtstätte der Flüchtlinge vom Festland gewesen, und in den späteren Jahrhunderten wurde es vor allem ein Sitz von Ville, Klöstern und Kirchen der adligen Venezianer.
Die **Insel Burano** hat in der Geschichte der Lagunenbesiedlung weder eine alte Tradition noch berühmte Baudenkmäler aufzuweisen. Es ist also anzunehmen, daß sie durch all die Jahrhunderte den Menschen Heimstatt war, die ihre Lebensgrundlage von Meer bezogen. Und Burano ist eine Insel der Fischer.
Eine weitere Existenzgrundlage der Inselbewohner war jahrhundertelang die Kunst der Spitzenklöppelei, die den erfahrenen Händen der Frauen anvertraut war, die so ihre Zeit ausnutzten, während die Männer auf See waren. Der Besuch in Burano muß aud diese Lebensweise Rücksicht nehmen.

Murano: Glasofen.

Glasmuseum: Teller aus dem XVI. Jh.

Glasmuseum: Ein Becher von Barovier.

Torcello: S. Fosca und der Dom.

Torcello. Bereits bei der Annäherung an die Insel Torcello sind wir vom Zauber dieser seltsamen, in der Lagune so isolierten Landschaft hingerissen. Hier sind noch die Spuren der ältesten Lagunenzivilisation sichtbar, deren bedeutendes Handelszentrum Torcello einst war. Der Portikus an der Fassade wurde gegen Ende des XIV. Jh. renoviert.
Die Schließung der Fenster an den Seitenschiffen bilden große Steinplatten. Die Wölbung der Mittelapsis und der Triumphbogen sind mit Mosaiken verkleidet, in der Höhe zeigen sie «Die jungfräuliche Muttergottes», tiefer die «Zwölf Apostel», im Triumphbogen die «Verkündigung». Stammt die Ikonographie noch aus dem VII. Jh., so kann man die Mosaiken, bei aller Schwierigkeit einer genauen Datierung, dem XII. Jh. zurechnen. An der Rückwand oberhalb des Eingangtores ein großartiges Mosaik mit der «Apotheose Christi und das Jüngste Gericht». Der Glockenturm stammt aus dem letzten Bauabschnitt, 1008. Santa Fosca wurde anscheinend 864 als Basilika entworfen, im X. Jh. aber zu einem Rundbau umgestaltet.

Das Becken von San Marco: eine Gondel bei Sonnenuntergang.

INHALTSVERZEICHNIS

Layout: Herausgeber Storti, Venedig
Text: Amedeo Storti
Photos: Archiv Storti, Cameraphoto, Giacomelli, Venedig
Edizioni Storti, Venezia
San Marco, 2551 - Tel. 041/431607
Gedruckt: April 1991